Karl Zellhofer, Martin Zellhofer

Verschwundenes Weinviertel

Karl Zellhofer, Martin Zellhofer

Verschwundenes Weinviertel

Über Greißler und Wirtshäuser, Kinos und Schulen, Bahnhöfe und Ziegelwerke, die es nicht mehr gibt

W-H EDITION WINKLER-HERMADEN

Das Titelbild bietet einen Blick auf das verschwundene Kaufhaus Seiter in der Wiener Straße in Gaweinstal.

www.edition-wh.at
ISBN 978-3-9503952-2-8

Inhalt

Vorwort

In Hippersdorf, einem kleinen Dorf am Übergang des Schmidatals in das Tullner Feld, lebten um 1960, so wie auch heute, rund 200 Menschen. Damals war der Ort eine eigene Gemeinde mit einer Volksschule, zwei Gasthäusern, zwei Lebensmittelgeschäften, einer Mühle, einem Schuster, einer Tischlerei, einem Fuhrwerksunternehmen, einer Milchsammelstelle und einer Haltestelle an der Franz-Josefs-Bahn, an der ein Eisenbahner vier Schranken händisch auf- und zukurbelte und Fahrkarten verkaufte. Heute ist von all dem nur noch die Mühle in Betrieb, in der allerdings nicht mehr gemahlen, sondern bloß mit Getreide gehandelt wird. In der ehemaligen Tischlerei hat sich – immerhin – ein Betrieb für Kunststoffverarbeitung und Werkzeugbau angesiedelt. Die übrigen Einrichtungen sind zum Großteil spurlos verschwunden, der Ort ist schon lange in die Gemeinde Königsbrunn am Wagram eingemeindet.

Das ist der Lauf der Dinge. Das Erscheinungsbild von Städten, Dörfern und Landschaften ist einem ständigen Wandel unterworfen. Unterkünfte für Menschen, Behausungen für Vieh, Abstellmöglichkeiten für Fahrzeuge, Verkehrswege, Arbeits- und Ausbildungsplätze, Bauwerke zur Freizeitgestaltung oder Einrichtungen zum Abdecken täglicher und nicht alltäglicher Bedürfnisse werden laufend neu gebaut, umgebaut, abgebaut oder ersetzt. Das war schon immer so, nach dem Zweiten Weltkrieg hat dieser Prozess hierzulande aber rasch an Tempo gewonnen.

Mechanisierungs- und Rationalisierungsprozesse in Landwirtschaft und Industrie setzten Arbeitskräfte frei, später dann sank die Zahl bäuerlicher Betriebe und der Fabriken. Die Suche nach (neuen) Arbeitsplätzen, steigender Wohlstand, das mit dem Wirtschaftsaufschwung leistbare, eigene Auto und der Ausbau von Straßen, das Fernsehen und andere Faktoren änderten das Einkaufs-, Pendel-, Urlaubs- und Freizeitverhalten der Bevölkerung und führten hauptsächlich im ländlichen Bereich, in geringerem Maß auch in den Städten, zu großen Veränderungen: Durch die zunehmende Mobilität verschwanden zahlreiche kleine Nahversorger. Deren Geschäft verlagerte sich in Supermärkte und Einkaufszentren, die oft am Stadt- oder Ortsrand liegen – was wiederum noch mehr Mobilität auf individueller Basis notwendig machte. Die Motorisierung bedingte zudem das Verschwinden von Eisenbahnstrecken. Alte Straßentrassierungen verloren durch die Errichtung von Autobahnen, Schnell- oder Umfahrungsstraßen an Bedeutung. Schulorganisationsänderungen führten zur Zusammenlegung kleinerer Schulen und zum Verschwinden von Schulstandorten. Das

Fernsehen trug zum umfangreichen Kinosterben und zur Schließung zahlreicher Gasthäuser bei. In den vergangenen Jahren schlossen auf Grund von Umstrukturierungen und Reformen zahlreiche Postämter, Bezirksgerichte und Gendarmerieposten. Viele Berufe haben im Lauf der Zeit an Bedeutung verloren und werden heute kaum noch benötigt. Florierende und neue Wirtschaftszweige und Unternehmen siedelten und siedeln sich gerne in Gewerbeparks außerhalb der Zentren an, was diese weiter entleert.

Viele dieser Veränderungen haben Spuren im öffentlichen Raum hinterlassen: eine überwachsene Eisenbahnstrecke, ein unbewohntes Bauernhaus, ein für immer geschlossenes Geschäft. Einen verblassenden Schriftzug an einer Wand, ein ehemaliges Kino, ein leerstehendes Gasthaus, einen aufgelassenen Industriebetrieb. Dieses Buch dokumentiert diese Spuren. Es hält noch vorhandene, aber nicht mehr genutzte, vergessene oder bereits verfallende Bauwerke, Zeichen und Hinweise fest, bevor diese unwiderruflich verschwinden. Sie sind allesamt Zeugen einer Epoche, die vermutlich für immer vorbei ist.

Wir wollen hier aber kein ausschließlich negatives Bild zeichnen, denn nicht jedes Bauwerk wartet auf den Abriss. Manche der vor langer Zeit entstandenen Bauten sind heute noch in Verwendung, wurden saniert und neuen Nutzungen zugeführt. Zudem dürfen wir nicht vergessen: Der Wandel bringt auch Neues hervor, viele Orte im Weinviertel wachsen. Und auch das Alte ist nicht ganz verschwunden: Noch gibt es Dörfer mit einem Greißler. Noch gibt es die Nebenbahn. Noch gibt es den klassischen Dorfwirt. Noch. Doch die sind heute nicht das Ziel unserer Reise.

Fahr nicht fort – kauf im Ort

Auf Wiedersehen im Einkaufszentrum

„Um's Eck. Nahversorger. Kauftreff" steht auf dem Schild über dem Eingang eines modern wirkenden Geschäfts in der Ortsmitte von Schleinbach bei Wolkersdorf. Doch seit Ende 2014 ist es geschlossen – ein weiteres Opfer des Greißlersterbens. Dabei kann das ehemalige Kaufhaus auf eine lange Tradition und interessante Geschichte zurückblicken. Diese erzählt Horst Schramm, ehemals Greißler in der jetzt leerstehenden Lokalität in Schleinbach.

Der Kaufmannsberuf ist Horst Schramm in die Wiege gelegt worden. Schon sein Vater ist beim Vorbesitzer des Kaufhauses vor dem Zweiten Weltkrieg in die Kaufmannslehre gegangen, hat das Geschäft später übernommen und „Warenhandlung" genannt. Horst Schramm trat 1958 nach einer Lehre in Wien mit 18 Jahren als kaufmännischer Angestellter ins väterliche Geschäft ein, das er in der ersten Hälfte der 1970er Jahre schließlich übernommen hat.

Angeboten haben die Schramms auf 40 m² Verkaufsfläche „alles". „Von der Schmierseife über Schuhbänder, Ofenrohre, Gips bis hin zu Quargeln", auch Vorhänge, Stoffe, Pullover, Zwirn, Nadeln, Knöpfe, Spiritus, Petroleum, Nägel, Schamottziegel und so weiter. Die meisten Waren lagen offen, Zucker und Salz lagerten in Säcken. Kunden brachten zum Abfüllen von Maggi oder Öl leere Flaschen von zuhause mit. An Samstagen im Sommer konnte man bis 21 Uhr einkaufen, an Sonntagvormittagen kamen die Leute „hinten herein", um die „unmöglichsten, ausgefallensten Sachen zu kaufen". Nicht vorrätige Kundenwünsche wurden besorgt. Pyjama oder Unterwäsche gewünscht? Kein Problem: Die Kundschaft nannte die Größe, Familie Schramm machte sich zum Einkauf auf den Weg nach Wien.

Anfangs fuhr Schramm senior mit dem Waffenrad, bepackt mit Rucksack und Packtaschen, zum Einkauf von Feinkost auf den Schlingermarkt in Floridsdorf. Das sind rund 20 Kilometer – in jede Richtung! Die weiblichen Familienangehörigen betreuten inzwischen das Geschäft. Ab 1955 benutzte der Vater für diese Einkäufe einen Opel Caravan. Um sich als einer der ersten im Dorf ein Auto leisten zu können, verkaufte er ein Grundstück.

Das heute noch bestehende Gebäude wurde 1960 neben dem ursprünglichen Geschäft gebaut, 1961 eröffnet und „Kaufhaus" genannt. Auf 130 m² bot das Geschäft wie zuvor „alles". Es war einer der ersten Selbstbedienungsläden im Bezirk, in dem die Kunden Waren in „Körbchen" legten und an der Kassa zahlten. Viele Menschen aus der Umgebung kamen anfangs aus reiner Neugierde, denn so ein Geschäft war damals eine Sensation. Sie kamen zu Fuß oder mit dem Bus, ein eigenes Auto war für die meisten noch unerschwinglich.

In den 1960er Jahren erlebte das Geschäft seine Blütezeit. Wohlgemerkt: Zu dieser Zeit gab es in Schleinbach noch vier weitere Lebensmittelgeschäfte, erinnert sich Horst Schramm. Das Kaufhaus bot mit den klassischen Öffnungszeiten von 7 bis 12 Uhr und 14 bis 18 Uhr für das Ehepaar Schramm und zwei Angestellte insgesamt vier Arbeitsplätze. Horst Schramm tätigte Großeinkäufe über Firmen-Vertreter, schloss sich der Handelskette A & O (später Nah & Frisch) an, besuchte Kurse und Seminare zur Weiterbildung, traf sich mit Berufskollegen zum Gedankenaustausch und nahm an Exkursionen zur Fortbildung teil.

Das meiste Geschäft gab es zu Weihnachten, zu Schulbeginn und wegen der vielen Zweitwohnsitze im Ort in den Sommermonaten. Der Arzt im Ort sorgte ebenfalls für Kundschaft, da entweder vor oder nach dem Ordinationsbesuch eingekauft wurde. Kunden waren hauptsächlich Dorfbewohner, Arbeiter von diversen Baustellen, Wochenendsiedler und Schüler.

Ab den 1980er Jahren begann der Kundenschwund. Baumärkte, das Lagerhaus, Supermärkte mit durchgehenden Öffnungszeiten, Versandhäuser und die zunehmende individuelle Mobilität schwächten die zuvor konkurrenzlosen lokalen Greißler. Selbst die Gemeinde begann Werkzeug oder Getränke für diverse Feste anderswo günstiger einzukaufen, erzählt Horst Schramm. Gegen Ende der 1980er Jahre wurde plötzlich die „ungarische Konkurrenz" bemerkbar: Viele Einheimische fuhren mit Charterbussen zum „Zuckereinkauf" nach Ungarn …

Das Warenangebot wurde daher Schritt für Schritt eingeschränkt. Nachdem niemand mehr Interesse an Damenunterkleidern, Strümpfen, Strumpfhosen oder Babykleidung zeigte, spendete Familie Schramm nicht verkaufte Kleidung an Hilfsorganisationen für Afrika.

Schließlich reduzierte das Kaufhaus sein Angebot auf Lebensmittel, Waschmittel, Parfümeriewaren, Zeitungen, Lottoscheine und Zigaretten. Neben den neuen Konkurrenten bereiteten auch EU-Verordnungen Schwierigkeiten, wie etwa die berühmte „Verordnung (EWG) Nr. 1677/88 der Kommission vom 15. Juni 1988 zur Festsetzung von Qualitätsnormen für Gurken", besser bekannt als die Regulierung der Gurkenkrümmung. Passte der Krümmungsgrad nicht, mussten die Gurken aus dem Sortiment genommen werden. Der Lebensmittelinspektor hat die Gurken persönlich ausgeklaubt, erzählt Schramm. Diese Regelung wurde übrigens 2009 wieder abgeschafft. Es kam im Lauf der Zeit auch zu Verschärfungen bezüglich des legalen Verkaufs abgelaufener Ware. All das verringerte das Geschäft noch mehr und führte zur Einschränkung der Öffnungszeiten.

Aber noch bis 1995 bot Familie Schramm Feinkost in einer Vitrine mit drei Metern Länge an. Die Feinkostabteilung war lange Zeit eine der Stärken des Geschäfts, musste aber wegen der schon erwähnten Konkurrenz stets reduziert werden. Übrig blieben zum Schluss Milch, Brot, Wurst und Käse. Trotz aller Reduktionen entsprach der Umsatz nicht mehr den Erwartungen, immer spürbarer wurde die Konkurrenz der großen Supermarktketten in Wolkersdorf, nur wenige Kilometer von Schleinbach entfernt.

Bis zu seiner Pensionierung 1995 konnte Horst Schramm den Betrieb aufrechterhalten, dann übernahm seine Tochter für kurze Zeit das Geschäft.

Anschließend verpachtete Schramm den Laden von 1995 bis 2014. Den drei Pächtern, deren Sortiment von Versuch zu Versuch stets schrumpfte, war allerdings kein Erfolg mehr beschieden. Momentan steht das Geschäftslokal leer. „Die Branche ist tot", seufzt Horst Schramm. Für Nahversorger gäbe es – im Gegensatz zu den Bauern – zu wenig Unterstützung, beklagt er. Findet sich kein Pächter mehr, wird das Innere des Gebäudes zu Wohnungen oder Lagerräumen umgebaut.

Er selbst würde gerne verbliebene Greißler mit eigenen Einkäufen unterstützen – aber in Schleinbach gibt es keine mehr. Dem regionalen Handel ist Schramm trotzdem treu geblieben: Er kauft lieber auf Bauernmärkten in der Umgebung als in Supermärkten ein.

In der Albrechtsgasse in Korneuburg.

Liebe zum Detail in Fahndorf: Selbst der Schriftzug „Kaufhaus“ ist aus Mosaiksteinen zusammengesetzt.

Oben: Das ehemalige Kaufhaus Hörmann in Hadres.

Unten: Das Kaufhaus Pregesbauer in der Horner Straße in Ziersdorf.

Dieses 1966 in Spannberg eröffnete Kaufhaus mit angeschlossener Tankstelle bot ein breites Warenangebot, unter anderem Lebensmittel, Baustoffe, Textil- und Eisenwaren und Werkzeug. Zu den besten Zeiten beschäftige das Kaufhaus Westermayr zehn Personen. Seit 14. August 2000 ist es geschlossen.

Oben: Früher gängig: die Begriffe Weiß- und Schwarz-Bäckerei. Gesehen in Ladendorf.

Unten: In der Milchhausgasse in Hohenruppersdorf. Der Ort war einmal ein wichtiger Markt- und Handwerkerstandort.

Josef Pusch's Backhaus u. Gemischtwaren-Handlung in Unterolberndorf.

Fleischereien und Fleischerwerbung, die es nicht mehr gibt.

In der Haugs-
dorfer
Hauptstraße.

Geschlossene Eisenhandlung in Stockerau.

Weit verbreitet war der Aufkleber „Damit der Schilling im Ort bleibt". Genutzt hat es nichts ...

Seite 21: Nostalgischer Fassaden-Schmuck in Niederkreuzstetten.

Kaufhaus
LAGER
VON
unübertroffenen
Weingartenspritzen
LAGER
VON
Zucker, Kaffe
UND
Feigenkaffe,
REIS
Pflaumen, Powidl
alle Gattungen
VON
Waschartikeln

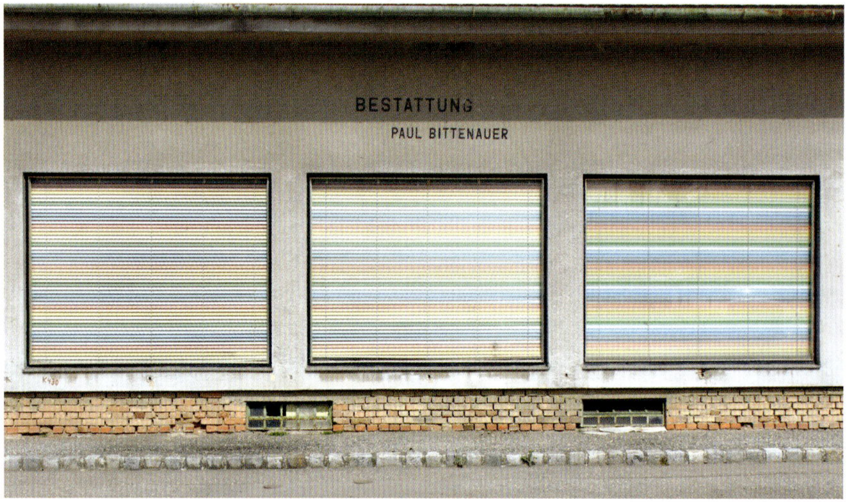

Oben: Rollläden im Sonnenuntergang in Untermarkersdorf.

Links: Gesichtet in Neuruppersdorf.

Unten: Roseldorf bei Großmugl: einst Gastwirtschaft und Gemischtwarenhandlung, heute Wohnung.

Rollläden-Romantik in Ollersdorf.

Als von „Geiz ist geil" und „Tigern Sie zum Löwen" auch in Maisbirbaum noch keine Rede war …

„Serviert wurde ausschließlich Hausmannskost"

Das Verschwinden des klassischen Dorfwirtshauses

Am 1. Dezember 1964, einem Dienstag, verkaufte das Gasthaus Planer in Oberhautzental laut Kassabuch acht Flaschen Bier und zwölf Liter Fassbier mit unbekanntem Erlös, einen Liter Wein um 24 Schilling, $\frac{1}{16}$ Likör um 2 Schilling 50 Groschen und Limonade (Almdudler, Bluna, Cola, Keli und Jumbo) im Verkaufswert von 38 Schilling und 90 Groschen. Es ist ein typischer Tag in einem typischen Gasthaus im Weinviertel. Speisen werden weder an diesem noch an den folgenden Werktagen konsumiert. Erst am Sonntag schlagen sich Fleisch und Wurst mit 150 Schilling sowie Brot und Semmeln mit 18 Schilling Umsatz zu Buche.

„Mein Urgroßvater Leopold Schrott hat das Gasthaus 1895 gegründet", erzählt Josef Planer, Enkel der letzten Wirtin. In seiner Blütezeit umfasste der Familienbetrieb mitten im Ort das Wirtshaus mit Gastgarten, eine Kegelbahn, eine Fleischerei mit Verkaufslokal, Wohnbereiche, eine Landwirtschaft und einen Viehhandel, „weil ein Gasthaus alleine in dieser Region nicht funktioniert hätte". Gasthaus und Fleischerei bildeten zudem Lehrlinge aus.

Bis 1989 betrieb Josef Planers Großmutter die Gaststätte im Wesentlichen alleine, bloß am Sonntag half die ganze Familie mit. Zusätzliche Angestellte gab es nicht. Geöffnet wurde täglich um 7 Uhr morgens. Sperrstunde war, wenn der letzte Gast gegangen war. „Manchmal war das schon auch eine Qual, wenn die Herrschaften bis um Mitternacht und darüber hinaus partout nicht gehen wollten." Immerhin musste der aushelfende Josef Planer am nächsten Morgen fit für den eigenen Beruf in Wien sein.

Das Gasthaus bestand aus einer Küche, einem Gastzimmer mit Schank, einem ersten und zweiten Extrazimmer und einem Saal. „Insgesamt hatten wir Platz für 140 bis 150 sitzende Personen." Im Garten gab es weitere Sitzgelegenheiten, sodass 500 Menschen Platz finden konnten.

Serviert wurde ausschließlich Hausmannskost, wobei der Schwerpunkt auf Fleisch lag. Es gab gekochtes Rindfleisch mit Zwiebel- oder Paradeissauce, mit Kohl oder Gemüse, Gulasch, Schweinsbraten, Faschiertes, Rostbraten, Rindsbraten, Rindsrouladen und diverse Würste. „Solange die Fleischerei existierte, haben wir das meiste selbst gemacht." Eier,

Erdäpfel, Gemüse, Schmalz und Schweinefleisch stammten vom eigenen Hof. Speiseöl, Butter und Rindfleisch mussten zugekauft werden. „Für bestimmte Speisen waren bestimmte Teile notwendig, das hätten wir mit eigenen Rindern nicht abdecken können. Da kam übrigens nie jemand, der vegetarisch essen wollte!" Montag und Freitag wurden allerdings Mehlspeisen angeboten. Speisekarte gab es keine. Abseits von Gulasch und Würsten aß der Gast das, was die Familie zu Mittag gegessen hat. „Extra gekocht wurde nur bei größeren Gruppen ab vier Personen oder nach Voranmeldung." Dazu gab es hauptsächlich Bier, Wein, Limonade und Kaffee.

Josef Planer

Das Wirtshaus war Domäne der Männer, die sonntags nach der Messe kamen, während die Frauen daheim kochten. „Die Männer haben geschnapst und ein bisschen was getrunken. Das hat sich mit der Zeit alles aufgehört." Zu den Stammgästen gehörten auch die Blasmusik, die im Saal geprobt hat, und die Jägerschaft. Selten, aber doch kamen auch Touristen, die die Wallfahrtskirche besichtigten. Laufkundschaft gab es auch: Bau- und Straßenarbeiter, Gendarmeriepatrouillen oder Vertreter wie zum Beispiel Futtermittelvertreter.

Höhepunkt im dörflichen Leben und somit für das Wirtshaus war das rege Wallfahrtsleben in Oberhautzental rund um den 15. August zu „Mariä Himmelfahrt". Die Wallfahrer aus den umliegenden Orten kamen früher zu Fuß, später mit dem eigenen Auto. Predigte ein höherer kirchlicher Würdenträger, zog das zusätzlich Menschen an. „Aus Erzählungen meiner Großmutter weiß ich, dass an so einem Tag 1000 Paar Würstel verkauft wurden – und das neben dem Angebot an Schweinsbraten, Gulasch und gekochtem Rindfleisch." Bis in die 1980er Jahre war die Wallfahrt der wichtigste Umsatzbringer für das Gasthaus, deren Ertrag die Spesen des ganzen restlichen Jahres gedeckt hat! Leben konnte man davon trotzdem nicht, meint Planer, die ebenfalls betriebene Landwirtschaft war zum Lebensunterhalt notwendig. Viel Kundschaft bescherten auch ein Leichenschmaus oder Silvesterfeiern. Auch die Banktage der Raiffeisenkassa Stockerau, an denen man im Gasthaus seine Bankgeschäfte erledigen konnte, sorgten für Kundschaft.

Geschäftsrückgang auf Grund zunehmender autogestützter Mobilität der Dorfbewohner und das Aufkommen der ersten Supermärkte zwangen die Betreiber bereits Mitte der 1960er Jahre die Fleischerei zu schließen, kurz darauf schloss der Viehgroßhandel. Das Gasthaus hielt sich durch die tatkräftige Arbeit der Großmutter bis 1989, wobei schon ab etwa 1970 immer weniger Menschen kamen. Wann immer sich ein örtlicher Verein aufgelöst hat, ging auch die Frequenz im Gasthaus zurück. Eine Übernahme durch andere Familienmitglieder stand nicht zur Debatte. „Wir sind sechs Geschwister, die alle weggeheiratet haben, keiner hatte Interesse, das Gasthaus zu übernehmen." Eine Aufnahme von Personal stand ebenfalls außer Frage: „Bei großen Events haben wir alle als freiwillige, unbezahlte Helfer mitgearbeitet, aber Personal hätte man sich nicht leisten können, das wäre ein Verlustgeschäft gewesen." Ständig neue und strengere Auflagen hätten zudem massive Umbauarbeiten erzwungen ...

Heute dient das ehemalige Gasthaus als Wohnhaus. Ganz abgeschlossen hat Josef Planer mit der Vergangenheit aber nicht: Ein großer Extraraum neben dem Wohnhaus, den örtliche Initiativen nutzen dürfen, ist mit der alten Wirtshauseinrichtung und originalem Geschirr und Besteck ausgestattet. Und wann immer er in einem Gasthaus sitzt, muss Josef Planer das mit dem ehemaligen Familienbetrieb vergleichen.

1900 gegenüber dem Bahnhof Drösing erbaut, seit Ende 1972 geschlossen.

Seite 29: Findet selbst im „Dehio“ Erwähnung: der zweigeschossige „Gasthof zum schwarzen Adler“ in Pulkau.

A. Rieck' [redacted] Gasthof
№ zum schwarzen Adler 172
5

Oben: Im sogenannten „Cafe Flug“, einem ehemaligen Elektrogeschäft in Laa an der Thaya, bewahrt ein Sammler heute seine Modellflugzeuge auf.

Unten: Bekannt aus einem der „Polt“-Filme: das Gasthaus Kopp in Mailberg.

Rechts: Der Pulkautalerhof am Rathausplatz in Pulkau.

Pulkautalerhof
Cafe
Restaurant
Kirchen, Pfarrhof
Europahaus, Friedhof
TIERÄRZTIN
Privatzimmer
Fam. Keller
OASE
Weinstraße
Weinviertel
Geras 20 km
Weitersfeld 10 km
Waitzendorf 4 km
Leodagger 2 km
31

Gastwirtschaft Richter in Zwingendorf.

Oben: Der Saal im Gasthaus Richter in Zwingendorf dient heute nur mehr als Versammlungsraum der Jägerschaft.

Unten: Wandschmuck im früheren Gastzimmer.

Nicht nur das klassische Dorfgasthaus ist vom Verschwinden bedroht, sondern auch Café-Konditoreien wie diese in Großweikersdorf.

In Göllersdorf erinnert nur noch diese Inschrift an der Hausmauer an das 1919 bis 1995 existierende Gasthaus „Zur Nordwestbahn“.

Darling, ich war im Kino

Im Weinviertel gab es einst über 50 Lichtspielhäuser

Die Wochenendausgaben der „Arbeiter-Zeitung" listen im Juni 1970 gut zwei Dutzend Kinos im Weinviertel auf. Wer in noch älteren oder auch jüngeren Ausgaben der AZ blättert, entdeckt zahlreiche weitere Kinostandorte in der Region. Heute gibt es im Weinviertel in Stockerau, Retz, Laa an der Thaya, Mistelbach und Deutsch-Wagram noch fünf regulär bespielte Kinos. Wer mit offenen Augen durch die Gegend fährt, kann allerdings noch etliche ehemalige Kinos erkennen. So zum Beispiel jenes in Seefeld-Kadolz. Über dem Eingang thront noch immer der Schriftzug „Tonkino" und fast scheint es, als ob es in Betrieb wäre, gäbe es nicht die leeren Schaukästen, in denen früher die Filme angekündigt wurden. Im Gebäude selbst lebt Hermine Holzer, die über 90-jährige ehemalige Mitbesitzerin des Kinos, eine quirlige, interessierte Dame, die bereitwillig über die Vergangenheit erzählt und die alte Kinowelt wieder lebendig werden lässt.

Das Kino wurde 1953 mit dem Film „Erzherzog Johanns große Liebe" (Österreich, 1950) eröffnet, bot 330 Sitzplätze und ersetzte das nahe gelegene, seit 1928 im Gasthaus der Familie Eckl-Holzer betriebene Kino (auch dieses Ensemble kann von außen noch besichtigt werden). Noch heute schwärmt Hermine Holzer von den damals modernsten Vorführmaschinen der Marke Ernemann. Sie selbst hat 1956 in den Betrieb eingeheiratet. Das Kino wurde stets als Familienbetrieb geführt, in dessen Blütezeit vier Familienmitglieder mitarbeiteten: Hermine Holzer saß an der Kassa, ihr Gatte – der Chef – war Filmvorführer, eine Verwandte arbeitete als Billeteuse, eine als Verkäuferin im Buffet.

In der Blütezeit in den 1950er und frühen 1960er Jahren wurden hauptsächlich „Heimat- und Sissi-Filme" gezeigt, aber auch „Hollywood-Schinken" standen am Programm. Zur Auswahl der Filme fuhr das Ehepaar Holzer zu diversen Verleihfirmen wie Gloria, Sascha oder Constantin nach Wien. Diese gaben vor, wann welche Filme zu zeigen waren. Mit Filmplakaten und weiterem Werbematerial trat das Ehepaar die Heimreise an. Die jeweiligen Filme selbst wurden per Bahn geliefert und mussten vom nahegelegenen Bahnhof Kadolz-Mailberg (an der Eisenbahnstrecke Laa an der Thaya – Zellerndorf) abgeholt werden. Am Ende der Spielzeit wurden sie wieder zum Bahnhof gebracht. Seltsamerweise war meistens Vitis im Waldviertel der nächste von den Verleihfirmen vorgegebene Vorstellungsort.

Im Lauf der Jahre wandelte sich der Publikumsgeschmack, ebenso das Publikum. In der Blütezeit kamen Besucher aller Altersgruppen zu Fuß hauptsächlich aus dem Ort und der näheren Umgebung. „Die Motorisierten sind mit den Maschinen gekommen" und viele reisten sogar mit der Bahn an. Später bildete die Jugend das Hauptpublikum, die ältere Generation hatte bereits Fernsehgeräte zuhause. Um den Geschmack der Jugendlichen gerecht zu werden, liefen nebst damals modernen Sexfilmen zumeist „Westernfilme", erzählt Holzer. Allerdings seien die Jugendlichen eine „Katastrophe" gewesen: Sie störten mit lauter Unterhaltung die Vorstellungen und rauchten verbotenerweise im Kinosaal ...

Hermine Holzer

In den besten Zeiten gab es Mittwoch, Samstag und Sonntag Vorstellungen. Mittwoch und Samstag je eine, an Sonntagen, an denen generell mehr Besucher kamen, hingegen bis zu drei. Eine gut besuchte Vorstellung hatte rund 80 Zuseher, erinnert sich Hermine Holzer. Die Besucherzahl war natürlich von den gezeigten Filmen und auch von der Jahreszeit abhängig. Zu Weihnachten und Ostern kamen die meisten Besucher, die wenigsten zur Zeit der Weinlese.

In den 1970er Jahren zeichnete sich allmählich ein Besucherschwund ab, der schließlich zur Schließung des Kinos führte. Hermine Holzer ortet die Gründe dafür im Aufkommen des Fernsehens und der zunehmenden Motorisierung: „Wir sind ein Dorf und daher bei den Filmen nicht zuerst drangekommen." Das Publikum fuhr in die Stadtkinos, um die neuesten Filme zu sehen. „Als nix mehr los war, verkaufte ich die Eintrittskarten im Buffet", womit eine Arbeitskraft eingespart werden konnte. Die Programmplakate wurden nicht mehr gedruckt, sondern handschriftlich verfasst und in den Orten der Umgebung aufgehängt. Schließlich fand am 28. August 1977 die letzte Vorstellung statt. Hermine Holzer erinnert sich an „irgendeinen Tschinbumm-Film" sieht dann aber in ihren Unterlagen nach: Gezeigt wurde „Die Stunde der Kaltblütigen" (Frankreich, 1973). 48 Personen besuchten diese Vorstellung. Die Eintrittspreise der letzten Vorführung bewegten sich von 15 Schilling in der ersten Reihe bis zu 22

Schilling für einen Logenplatz. Hermine Holzers Gatte ging in Pension, die Suche nach einem Nachfolger sei kein Thema gewesen, das Ehepaar hatte auch kein Interesse an der Weitergabe des Betriebes.

Im ehemaligen Foyer, das heute als Wohnzimmer dient, ist das Pult des einstigen Kino-Buffets als Einrichtungsgegenstand integriert. Viel erstaunlicher ist aber der Blick in den vollständig erhaltenen Kinosaal, in dem bis heute nichts verändert worden ist. Er diente nach der Schließung noch als Schauplatz für den Film „Malambo" von Milan Dor (Österreich, 1984) und die Verfilmungen von Alfred Komareks Polt-Romanen, in denen Hermine Holzer als Statistin mitspielte. Der Schriftzug „Tonkino" lässt heute noch immer wieder erstaunte Passanten die Vorderfront des Gebäudes fotografieren ...

Seite 38: Hermine Holzer, die stolze Besitzerin der von 1953 bis 1977 betriebenen „Groß-Kadolzer Lichtspiele".
Seite 39: Der elegante Kinosaal ist noch zur Gänze erhalten.

TONKINO

Aus dem ehemaligen Kino in Gaweinstal wurde später die „Disco Happiness". Auch die Disco ist bereits Vergangenheit.

Dienstag, 25. Jänner 1966: Die Lichtspiele in Palterndorf zeigen „Die den Tod nicht fürchten" (USA, 1959) mit Gary Cooper und Charlton Heston.

Die Gasse, in der das Kino Drösing bis 1977 seine Besucher erfreute, heißt heute noch Kinogasse.

Das Kinogebäude in Ladendorf, heute ein Lagerraum.

Der nach wie vor komplett eingerichtete Vorführraum des Kinos Mailberg, zuletzt in Betrieb im Dezember 1963.

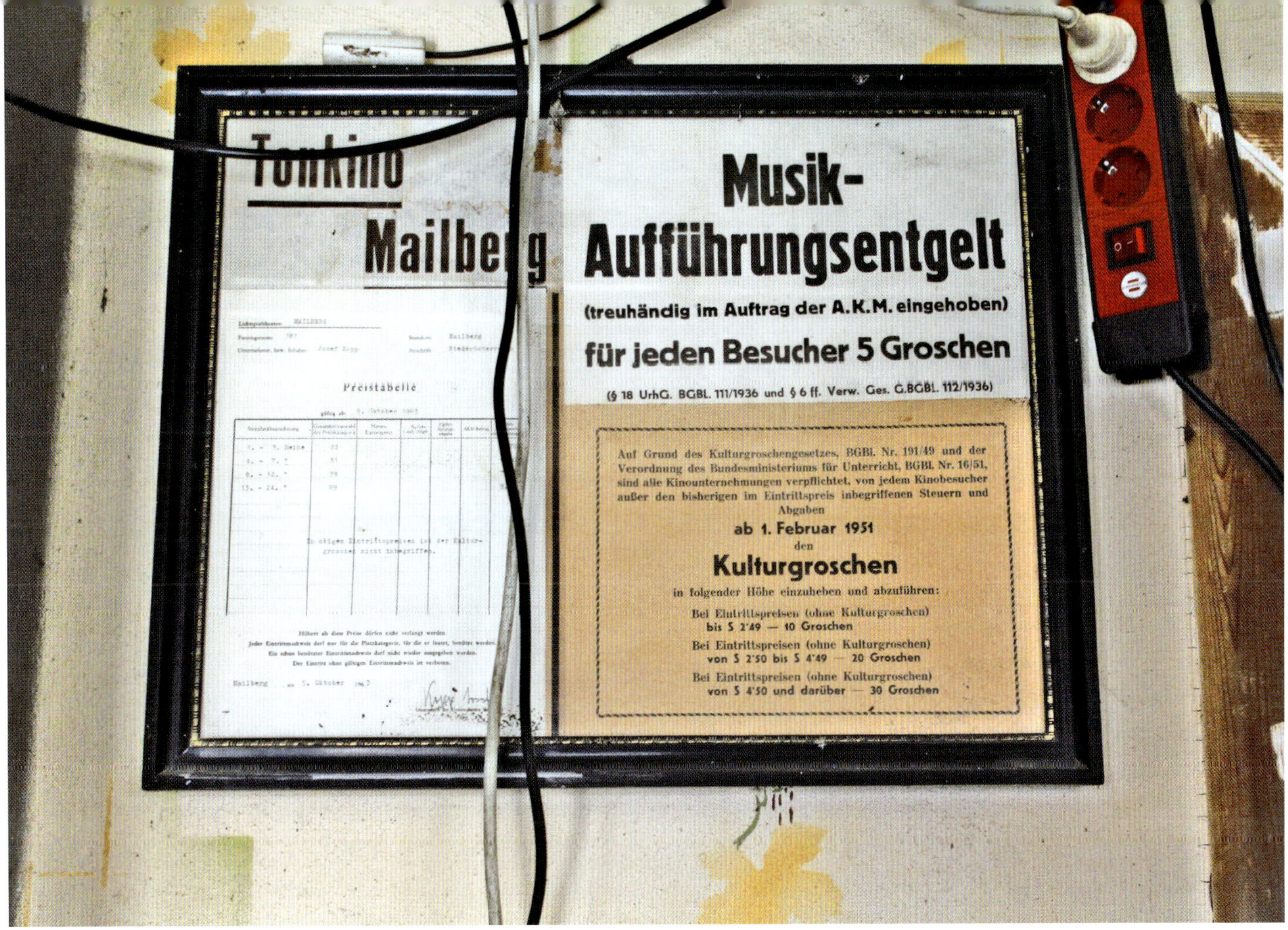

Versteckt im Hof des geschlossenen Gasthauses Kopp in Mailberg ist dieser Kinohinweis zu sehen.

Jüngstes Opfer des Kinosterbens im Weinviertel ist das Kino in Matzen.

Nie mehr Schule – keine Schule mehr

Das Ende eines Stücks Dorfkultur

Wer erinnert sich nicht an seine Volksschulzeit? Viele ältere Semester besuchten eine ein- oder zweiklassige Dorfschule, von denen es im Weinviertel Dutzende gab. Wir haben Maria Schneider, ehemalige Volksschullehrerin und heute um die 90 Jahre alt, um ihre Erinnerungen an die Dorfschulzeit gebeten.

Die Liebe zu Kindern hat Maria Schneider bewogen Lehrerin zu werden. Sie begann im Schuljahr 1948/49 zu unterrichten und verbrachte ihr Berufsleben mit wenigen Ausnahmen im Bezirk Korneuburg an 18 verschiedenen einklassigen Dorfschulen. Schneider wohnte schon damals in Großrußbach und erreichte ihre Arbeitsplätze mit dem Fahrrad. Im Winter ging sie zu Fuß. Waren die Straßen vom Schnee verweht und unpassierbar, und das kam oft vor, marschierte sie querfeldein über die Felder. Von Großrußbach in die Volksschule Naglern zum Beispiel wanderte sie rund eineinhalb Stunden. In der Volksschule Wetzleinsdorf, die am Weg lag, konnte sie sich mit heißem Tee aufwärmen. Immerhin musste die Lehrerin den Klassenraum nicht selbst heizen, das besorgte eine Gemeindeangestellte. Schulwart gab es keinen. Nach dem Unterricht stand der mühsame Rückweg bevor. Viel zu selten ergab sich die Gelegenheit, von einem Bauern mit einem pferdebespannten Schlitten mitgenommen zu werden. Erst 1958 konnte sich Maria Schneider ein Auto leisten.

In den einklassigen Schulen wurden acht Schulstufen gemeinsam unterrichtet, im Schnitt saßen in einer Klasse 30 Kinder. 1965 unterrichtete sie in Simonsfeld sogar 50 Schüler gleichzeitig! Wie ließ sich das organisatorisch bewältigen? Sie fasste die erste bis dritte und die vierte bis achte Schulstufe zusammen, ältere Kinder unterstützten die jüngeren. Das sei damals wesentlich problemloser möglich gewesen als heute, denn seinerzeit, so Schneider, legten ältere Schüler ein disziplinierteres Verhalten an den Tag als das heute der Fall sei. Neben der Klassenlehrerin unterrichteten noch der Pfarrer und eine Handarbeitslehrerin in den Volksschulen – wobei Buben den Handarbeitsunterricht nicht besuchten.

Es gab kaum Lehrmittel, selbst gezeichnete Tafelbilder als Anschauungsmaterial und selbst geschriebene Texte an der Tafel waren „gang und gäbe". An deren Erstellung arbeitete Maria Schneider bis zu einer Stunde – vor Unterrichtsbeginn. In den einklassigen Volksschulen gab es keinen Turnsaal (geturnt wurde im Freien) und keine Bibliothek. Auch die „Schulbuchaktion", bei der heute Schulbücher unentgeltlich verteilt werden, gab es nicht. Die Eltern mussten die Bücher kaufen. Die spartanische Einrichtung der Klassen bestand aus einer altertümlichen Tafel, Wasserschüssel, Wasserkrug und Schulbänken mit eingelassenen Tintenfässern. Ganz so diszipliniert wie zuvor erwähnt scheinen aber auch die damaligen Schüler nicht gewesen zu sein: „Schlimme Buben tauchten die Zöpfe der vor ihnen sitzenden Mädchen hie und da ganz gerne in die Tinte ein", erzählt Schneider. Strafen verhängte sie allerdings sehr selten – und wenn, waren es Abschreibübungen. Ganz im Gegensatz zu einem Pfarrer, der gerne „mit dem Staberl arbeitete". Ein jährlicher Höhepunkt im Schulleben war der mitunter unangenehme und unangemeldete Besuch des Schulinspektors, seinerzeit eine oftmals gefürchtete Respektsperson. Lehrer und Kinder waren in ihrer Sorge alles richtig zu machen nervös: „Man hatte direkt Angst vor der Inspektion. Es sollte alles stimmen, es sollte nichts zum Kritisieren geben." Der Inspektor kam entweder mit der Bahn oder zu Fuß von einer anderen Schule.

Maria Schneider

Die meisten Schüler stammten aus bäuerlichem, nur wenige aus dem Arbeitermilieu. Besonders engagierte sich Schneider bei den sogenannten „Ziegelofenkindern", die oftmals sozial benachteiligt waren. Sehr gut und stets problemlos war ihr Verhältnis zu den Eltern, die auf Grund ihrer meist landwirtschaftlichen Tätigkeit kaum Zeit für ihre Kinder hatten, sich bei deren Bildung voll auf die Schule verlassen mussten und Vertrauen in die jeweilige Lehrkraft hatten. Das äußerte sich in entsprechender Dankbarkeit gegenüber dem jeweiligen Lehrer, „sogar heute noch!"

Von 1965 bis zur Pensionierung unterrichte Maria Schneider in der „Zentralschule" Großrußbach, die umliegenden kleinen Dorfschulen wurden geschlossen. Die Schüler saßen nun ihrer Schulstufe entsprechend in getrennten Klassen. Das stellte eine große Erleichterung dar, denn es vereinfachte die Vorbereitungsarbeit, die Unterrichtsorganisation und das Unterrichten. Allerdings litt darunter die Stellung des Lehrers in der Dorfgemeinschaft: Man rutschte, so Maria Schneider, aus der respektierten Position des Dorflehrers, der als einziger Vollzeit-Lehrer an der Schule zugleich als „Direktor“ fungierte, in eine gewisse Anonymität ab.

Wann sind die kleinen Dorfschulen verschwunden? Schulorganisationsänderungen führten ab den 1960er Jahren zur Zusammenlegung vieler ein- und zweiklassiger Volksschulen zu größeren Schulen. So gab es im Schuljahr 1960/61 in Niederösterreich 1301 Volksschulen, 1970/71 noch 941 und 1980/81 665. Die Zahl sinkt immer noch.

Und der heutige Unterricht? Nach Schneiders Meinung werde den Kindern „zu viel an den Kopf geworfen. Wie sollen die das alles verkraften?“ Die Eltern mischten sich zu sehr ein, das Vertrauen der Eltern in die Schule sei geringer geworden, die Beziehung Eltern-Lehrer leide darunter, es fehle die frühere Dankbarkeit und überhaupt: Die Schule sei für die Eltern von geringerer Bedeutung als früher.

Trotz dieser Meinung über gegenwärtige Schwierigkeiten gibt es Gott sei Dank genug Menschen, die „der Schule“ mit viel Engagement und Freude begegnen ...

Die ehemalige Volksschule in Hetzmannsdorf, erbaut 1922.

In der ehemaligen Volksschule von Neuruppersdorf wurde von 1914 bis 1973 unterrichtet.

Beinah wildromantisch: die 1965 stillgelegte Volksschule in Karnabrunn.

Die Volksschule Weinsteig, einst Schulgebäude, heute Wohnhaus: 1908 errichtet, 1909 gesegnet, 1966 geschlossen.

Die Volksschule Windisch Baumgarten: 1965 geschlossen.

Oben: Die ehemalige Hauptschule von Drasenhofen. Die Hauptschulen Drasenhofen, Poysdorf I und II wurden zur Neuen Mittelschule Poysdorf zusammengelegt.

Unten: Die Volksschule in Sonnberg (am 30. September 1967 stillgelegt) ist heute Treffpunkt für den „Fotoclub Hollabrunn". Die ehemalige Schulwartwohnung dient als Aufbahrungshalle.

Oben: Das letzte Schuljahr für die Volksschule Neudegg war das Jahr 1964/65.

Unten: Die Volksschule in Sierndorf an der March: seit 1976 „Urgeschichtssammlung und Heimatmuseum“.

Ziegelwagen und Schlossergwandl

Das Weinviertel – Land der 250 Ziegelöfen

„Mit Ausnahme der agrarindustriellen Einsprengsel, des Stockerauer Industriebandes und des Erdöl- und Erdgasfördergebiets besaß das Weinviertel in den 1950er Jahren praktisch keine Industrie", heißt es im Buch „Niederösterreich. Land im Herzen – Land an der Grenze". Das war vor den 1950er Jahren auch nicht wesentlich anders – und im Lauf der letzten Jahrzehnte ist die Zahl der Industriebetriebe im Weinviertel weiter gesunken. (Allerdings haben sich nach dem Verschwinden der klassischen Industriebetriebe vor allem im Umland der Städte zahlreiche neue Industrie- und Gewerbezonen angesiedelt.)

Eine Ausnahme bildete in dem ansonsten spärlich industrialisierten Gebiet die lokale, weit verbreitete Ziegelindustrie. Ein Beitrag in den „Korneuburger Kulturnachrichten" listet in den Jahren der Wende vom 19. zum 20. Jahrhundert über 250 Ziegelöfen im Weinviertel auf, 23 im Jahr 1967 und 1987 noch vier. Von diesen vier produziert heute nur noch das Wienerberger Ziegelwerk in Göllersdorf.

Eine dieser ehemaligen Ziegeleien befand sich in Wetzleinsdorf. Nähert man sich dem Ort auf der Laaer Straße von Süden, sieht man am linken Ortseingang auch heute noch den großen, roten Schriftzug „Ziegelwerk Wetzleinsdorf" an der Begrenzungsmauer des ehemaligen Werks. 1996 wurde die Ziegelproduktion eingestellt, der heutige Zweck des Areals lässt sich von außen nicht feststellen. Zahlreiche Schrottautos zieren das Gelände. Diverse Betriebsgebäude, manche verfallen, und ein ehemaliges Wohngebäude der Ziegelofenarbeiter, in dem sich früher auch die Kanzlei des Werks befand, stehen noch. Rudolf Wimmer, Jahrgang 1933, erinnert sich an die Blütezeit des Betriebes.

Wimmer verdingte sich Zeit seines Berufslebens als Ziegelofenarbeiter. Nach Beendigung der 8-jährigen Schulpflicht begann er im Ziegelwerk Weinsteig zu arbeiten. Dorthin pendelte er, damals wohnhaft in Harmannsdorf-Rückersdorf, gemeinsam mit ein paar Kollegen per Rad über die seinerzeit kaum befahrene Bundesstraße. Weil das Ziegelwerk Weinsteig 1951 seinen Betrieb einstellte, arbeitete er von 1952 bis zur Pensionierung 1993 im Ziegelofen Wetzleinsdorf, der dem Baumeister Michael Vogl aus Deutsch-Wagram gehört hat.

Zur Blütezeit des Betriebes, erzählt Rudolf Wimmer, waren in Wetzleinsdorf inklusive Betriebsleiter und Buchhalterin an die 40 Männer und Frauen beschäftigt. Mit der Einführung von Gabelstaplern wurde die Belegschaft später reduziert. Wie sah der Arbeitsalltag im Ziegelwerk aus? Der für die Ziegelherstellung benötigte Lehm stammte von einer „Wand" im Gelände der Ziegelei. Diese Wand ist heute noch erkennbar. Mit händisch geschobenen Feldbahnwagen, später mit Lastkraftwagen, transportierten die Arbeiter den Lehm zu den Betriebsgebäuden. Der für die Produktion ebenfalls benötigte Tegel wurde in einer Grube nahe Großrußbach gewonnen. Diese Grube ist längst zugeschüttet und in der Landschaft nicht mehr erkennbar.

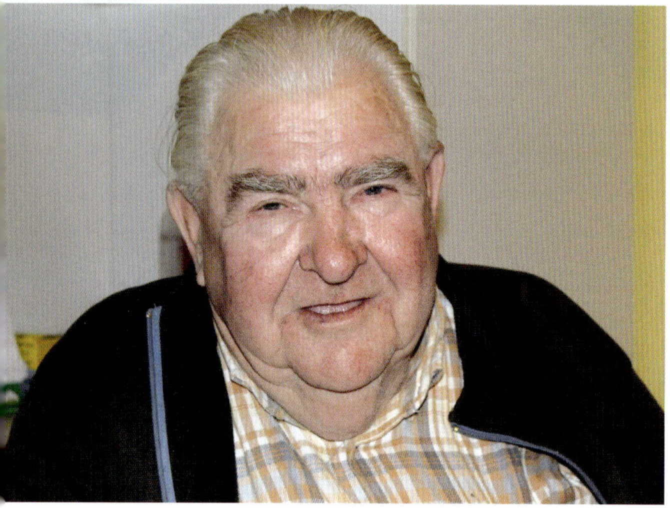

Rudolf Wimmer

Die Ziegelarbeiter arbeiteten in drei Schichten zu je zwölf Stunden, der Brennofen wurde ununterbrochen in Betrieb gehalten. Später reduzierte sich eine Schicht auf acht Stunden. Auch am Wochenende wurde durchgearbeitet. Einen wichtigen Posten hatte der „Brenner" inne, der für das Befeuern der Öfen zuständig war – durfte doch das Feuer nicht ausgehen. Der Ringofen wurde mit Kohle, der spätere Tunnelofen mit Öl beheizt. Rudolf Wimmer arbeitete zunächst als „Einscheiber". Als solcher führte er die aus einer Lehm- und Tegelmischung geformten, gepressten und getrockneten Ziegelrohlinge mittels Scheibtruhe in den Ringofen. Sie fasste 60 Ziegel. Nachdem die Ziegel gebrannt waren, brachte er sie als „Ausscheiber" zum Lagerplatz beziehungsweise direkt zu bereits wartenden LKWs. Die Arbeit des Ein- und Ausscheibers sei nur am Anfang anstrengend gewesen, so Wimmer, „nach ein paar Wochen war sie kein Problem mehr".

Der Ringofen, der „händisch beschickt werden musste", wurde später durch einen Tunnelofen ersetzt. Für das Brennen im Tunnelofen wurden die Ziegel auf einen auf Schienen fahrenden Wagen geladen, in den Tunnelofen geschoben und nach dem Brennen wieder entladen. Am Lagerplatz übernahmen Frauen die Tätigkeit des Abladens, Schlichtens und Umladens. An die Gemeinde Wien, die die Ziegel zur Errichtung von Gemeindebauten benötigte, wurde per LKW geliefert. Bauunternehmer und private „Häuslbauer" holten sich die Ziegel direkt im Werk ab.

Im Winter ruhte die Ziegelproduktion, da auch die meisten Bauarbeiten ruhten. Bei Nachfrage wurden Vorräte verkauft. Rudolf Wimmer musste dann „stempeln gehen", also Arbeitslosengeld beziehen. Nicht alle Arbeiter waren von dieser Maßnahme betroffen, denn der Winter diente auch dazu, notwendige Erhaltungsarbeiten durchzuführen: zum Beispiel Gewölbeerneuerungen im Ringofen, Aufräumarbeiten oder die Säuberung der hitzedämmenden Schotterschicht im Tunnelofen von Ziegelbrocken.

Gearbeitet wurde im Schlossergwandl. Das Ziegelwerk stellte keine Arbeitskleidung zur Verfügung, zur Schonung der Hände jedoch einen Fingerschutz. In ihrer einstündigen Mittagspause verzehrte die Belegschaft das von zu Hause mitgebrachte Essen im Gemeinschaftsraum, Werkskantine gab es keine. In der Nachtschicht durften sich die Arbeiter die Pausenzeit selbst einteilen. Der Verdienst richtete sich nach der Akkordleistung – also nach der Menge der produzierten Ziegel. Rudolf Wimmer arbeitete später als Staplerfahrer, was nicht nur eine enorme Arbeitserleichterung bedeutete, sondern auch ein fixes Gehalt einbrachte. Der Chef selbst kam nur fallweise vorbei, um zu „kontrollieren" – die Führung der Ziegelei war die Aufgabe des Betriebsleiters. Obwohl der Betriebsleiter der Bruder Rudolf Wimmers war, ergaben sich dadurch, so Wimmer, jedoch keine persönlichen Vorteile.

Bis 1972 wohnte Rudolf Wimmer in einem Arbeiterwohnhaus am Ziegelofengelände, anfangs in sehr einfachen Verhältnissen. Mit seiner Frau teilte er eine Küche-Zimmer-Wohnung, das Klo befand sich am Gang, Wasser musste vom Brunnen geholt werden. Dann errichtete er in Großrußbach ein Eigenheim – natürlich unter Ausführung von Baumeister Vogl und unter Verwendung von Wetzleinsdorfer Ziegeln. Von Großrußbach pendelte er dann mit dem Auto ins Werk. Als Wimmer 1993 60 Jahre alt wurde, „kam jemand von der Arbeiterkammer" und empfahl ihm die Pensionierung. Rudolf Wimmer nahm die Empfehlung sofort freudig an.

Das Ziegelwerk Wetzleinsdorf stellte 1996 seinen Betrieb ein.

Die frühere Trockenhalle des Ziegelofens Niederabsdorf nutzt heute ein Landwirt zum Unterstellen von Geräten.

Oben: Das ehemalige Ziegelwerk Schleinbach: ab 1890 fast 100 Jahre in Betrieb.

Unten: Der Ziegelofen in Ebenthal, um 1900 errichtet und gegen Ende des Zweiten Weltkriegs niedergebrannt. Reste sieht man noch.

Diese Aufnahmen aus Limberg zeigen keinen Ziegelofen, sondern die Reste einer Anlage zur Erzeugung von Kieselgur.
Kieselgur wird nach der Trocknung in Öfen bei 600 bis 800 Grad gebrannt und dient zum Beispiel als Filter für Abwässer, Fruchtsaft, Wein, Most oder Essig, als Füllstoff von Wärmedämmungen oder als Schleifmittel.

Ehemalige Fassbinderei in Haugsdorf.

Neben dem Bahnhof Drösing war bis 1937 eine Petroleumraffinerie in Betrieb. Das rechte Gebäude ist das einstige Fabriksmagazin, das linke diente einer späteren Firma als Grünfutter-Trocknungsanlage.

Die 1958 stillgelegte Schweihermühle an der Zaya bei Niederabsdorf.

Oben: Der rund sieben Meter hohe Kalkbrennofen bei Reyersdorf: 1947 errichtet und genau 20 Jahre später stillgelegt.

Unten: Ende 2015 abgerissen: die „Bau-Möbeltischlerei Franz Hrabak" am Prof. Dr. Karl Liebleitner-Ring in Korneuburg.

Wagnerei in der Donaustraße in Korneuburg: bekannt für die Eigenproduktion von Wagenrädern, Rodeln und Skiern.

Oben: Die Rohzuckerfabrik und spätere Zuckerraffinerie in Dürnkrut bestand von 1844 bis 1978.

Unten: Mühle in Angern an der March, 1922/23 erbaut, Betriebseinstellung im Jahr 1970.

Die berühmte Fürnkranz-Mühle in Asparn an der Zaya ist seit vielen Jahren nicht mehr in Betrieb.

Tischlerei in Kleinweikersdorf.

Die Reparaturen von Landmaschinen übernahmen die Lagerhäuser. Kleine Schmieden wie diese in Seefeld-Kadolz mussten deshalb aufgeben.

Auf dem Abstellgleis

Alte Verkehrswege in der Sackgasse

Vier Eisenbahnstrecken waren und sind für das Weinviertel von Bedeutung: Die Nordbahn führt von Wien über Hohenau nach Tschechien, über sie läuft auch der internationale Reiseverkehr nach Prag und Warschau. Die nördliche Strecke der Ostbahn verbindet die Bundeshauptstadt mit Laa an der Thaya, die Nordwestbahn Wien mit Znaim und die Franz-Josefs-Bahn Wien mit Gmünd. Zu Zeiten der Monarchie stellten diese vier wichtige Verbindungen in den Norden des Reichs dar, heute dienen sie vor allem dem Pendlerverkehr nach Wien.

Zusätzlich wurde das Weinviertel ab 1900 mit einem dichten Netz an Nebenbahnen erschlossen. Diese verbesserten die Mobilität der Bevölkerung, die zuvor auf Postkutschen, Pferdegespanne und die eigenen Füße angewiesen war, enorm. Bis in die 1950er Jahre waren Lokalbahnen ohne Konkurrenz. Der aufkommende Individualverkehr in den 1960er Jahren, der Ausbau des Straßennetzes, billiger Gütertransport per LKW, der Ausbau von Buslinien und die fehlende Modernisierung der Nebenbahnen führten jedoch zu sinkendem Passagieraufkommen. Nach und nach wurde zuerst der Personenverkehr, dann der Güterverkehr stillgelegt. Manche Strecken sind mittlerweile sogar abgetragen. Die letzte Weinviertler Nebenbahn mit regulärem Personenverkehr verkehrt von Bad Pirawarth nach Gänserndorf beziehungsweise Obersdorf.

Ein kleines Bahnhofsgebäude im Schatten eines mächtigen Getreidesilos, ein selten befahrenes Gleis, daneben ein vom Unkraut überwuchertes Nebengleis. Es führt zum Getreidesilo des Lagerhauses und wird seit Jahren nicht mehr befahren. (An Fracht mangelt es allerdings nicht, wie die rege Verladetätigkeit auf Lastautos beweist.) Wir befinden uns im Bahnhof Wetzleinsdorf an der Strecke Korneuburg – Ernstbrunn, den wir stellvertretend für die vielen mittlerweile geschlossenen, verfallenden, abgerissenen oder im besten Fall als Wohnhaus genutzten Lokalbahnhöfe im Weinviertel näher vorstellen. 1988 wurde hier der reguläre Personenverkehr eingestellt, seit 2010 gibt es auch keinen Güterverkehr mehr, das Bahnhofsgebäude ist an Privatpersonen verkauft. Nur noch an Samstagen von Mai bis Oktober fährt der „NostalgieExpress Leiser Berge“ vorbei. Obwohl er in Wetzleinsdorf einen Aufenthalt einlegen muss, weil der Zugbegleiter vor der Querung der Laaer Straße den Schranken schließen und nach der Vorbeifahrt des Zuges wieder öffnen muss, dürfen Fahrgäste nicht ein- oder aussteigen.

Einst herrschte rege Betriebsamkeit. Der rund 90-jährige Rudolf Gruber, seinerzeit als Geschäftsführer des Bahnhofs von den Bewohnern des Orts respektvoll „Herr Vorstand" tituliert, erzählt aus seiner Dienstzeit: „Die Halte- und Ladestelle Wetzleinsdorf mit einem Mann Besatzung hatte Personen- und Güterkassenverrechnung und musste den Handschranken zur Absicherung der Bundesstraßenkreuzung bedienen." Rudolf Grubers Dienstzeit dauerte von 4 Uhr 30 bis 9 Uhr 30, am Nachmittag von etwa 14 bis 20 Uhr – sofern der letzte Zug pünktlich verkehrte. Allerdings kamen nur wenige Züge vorbei: In den 1980er Jahren fuhren Montag bis Freitag bloß vier Personenzüge und ein Güterzug pro Richtung, am Wochenende noch weniger.

Fahrgäste, hauptsächlich Schüler und Pendler, kauften ihre Fahrscheine – nicht „Tickets" – am Schalter. Es gab keinen Fahrscheinautomaten und keinen Computer. Fahrziele waren hauptsächlich Wien und Korneuburg, oft auch Stockerau und das Krankenhaus in Mistelbach. Rudolf Gruber bemühte sich stets um Fahrplanverbesserungen für seine Fahrgäste, vor allem um Anpassungen nach der Kürzung von Arbeitszeiten. Ein Bruder, der in der ÖBB-Direktion an der Erstellung der Fahrpläne mitarbeitete, ebnete ihm den Weg zur Vorsprache. Allerdings waren die Bemühungen ergebnislos: „Tun S' Ihren Bruder net immer sekkieren!", kommentierte der vorgesetzte Oberinspektor.

Das wichtigste Geschäft des kleinen Bahnhofs war die Güterbeförderung: Holz, Weizen, Braugerste, Stroh (das unter anderem nach Tirol zur Absicherung von Skipisten geliefert wurde) sowie Speise- und Industrieerdäpfel (die bis nach Italien und Ungarn gebracht wurden), wurden exportiert. Angeliefert wurden Saatkartoffeln aus Holland und England. Der Geschäftsführer machte sich bei seinen Vorgesetzten – vergeblich – auch für eine Möglichkeit der Rübenverladung in Wetzleinsdorf stark. Als der Silo des Lagerhauses gebaut wurde, engagierte sich Rudolf Gruber für eine Anlieferung der Baumaterialien per Bahn. Doch in der damaligen ÖBB-Direktion in Wien wurde er „ned amoi ignoriert". Dennoch gelang ihm dank seines persönlichen Engagements eine gute Zusammenarbeit mit dem Lagerhaus, sodass beachtliche Mengen auf der Schiene transportiert werden konnten. Betriebe oder Privatpersonen lieferten kleinere Pakete in der Regel aus einem Umkreis von sechs Kilometern zur Versendung an, per Bahn angelieferte Pakete stellte Frau Gruber mitunter freiwillig per Rad zu. So sparten sich die Empfänger die Abholung vom Bahnhof.

Der Schranken an der Kreuzung mit der Laaer Straße sorgte immer wieder für Probleme: „Mindestens einmal im Jahr wurde der geschlossene Bahnschranken von Autofahrern durchbrochen", erzählt Rudolf Gruber. So geschehen an einem Silversterabend, an dem der Lenker mit einem geplatzten Reifen auf den Schienen zum Stehen kam. Rudolf Gruber lief in Nebel und Dunkelheit eine Laterne schwenkend dem Zug entgegen und stürzte dabei neben dem Gleis. Zum Glück bemerkte der Lokführer das Signal rechtzeitig, der Zug kam knapp vor dem Auto zum Stillstand. Der jugendliche Autolenker besaß keinen Führerschein ...

Neben verblassender Eisenbahnromantik lässt sich im Weinviertel auch ein Hauch von Route 66, der einst so bedeutenden, heute herabgekommenen und längst durch moderne Interstate Highways ersetzten Querverbindung durch die USA, erleben. Die Region wird von drei für den Fernverkehr bedeutenden Straßen durchzogen: Die Horner Straße führt von Stockerau über Maissau und Horn durch das Waldviertel nach Tschechien. Die Prager Straße führt von Wien über Stockerau und Hollabrunn nach Znaim und die Brünner Straße von Wien über Wolkersdorf nach Nikolsburg. Diese Straßen werden nach wie vor benutzt. Doch das wachsende Verkehrsaufkommen bedingte mitunter deren Ausbau auf mehrere Fahrspuren, Neutrassierungen und den Bau von Umfahrungen. Parallel zu Prager und Brünner Straße entstanden Autobahnen und Schnellstraßen. Und genauso wie an der legendären Route 66 führten die Straßenneubauten auch im Weinviertel zuerst zu Umsatzrückgängen und dann zur Schließung von Geschäften, Tankstellen und Gasthäusern, die plötzlich vom Durchzugsverkehr abgeschnitten waren. Wer genau schaut, entdeckt Trassenreste der originalen „alten" Straßenverläufe, verlassene Tankstellen, zugesperrte Gasthäuser und Geschäfte.

Oben: Sinnloses Andreaskreuz an der ehemaligen Bahnstrecke Bad Pirawarth – Zistersdorf.

Unten: Eisenbahnstrecke Paasdorf – Bad Pirawarth: Ein paar Schwellen und das Schotterbett sieht man noch.

Oben: Der vernagelte Bahnhof Großkrut-Althöflein. Personenverkehr fand hier von 1907 bis 1988 statt, Güterverkehr bis 2000.

Unten: Kilometerstein an der aufgelassenen Bahnstrecke Gänserndorf – Mistelbach.

Seit 2014 schienenlos: der Bahnhof Gaweinstal.

Die Natur erobert sich ihr Terrain zurück. Der Bahnhof Groß Inzersdorf-Gaiselberg an der Strecke Bad Pirawarth – Zistersdorf.

Eisenbahnbrücke über den Weidenbach bei Bad Pirawarth. Seit 2004 ist diese Strecke eingestellt.

Oben: Die Lokalbahn Korneuburg – Hohenau. Das im Hintergrund auf „frei" stehende Signal bei Mistelbach ist nur mehr Staffage.

Unten: Talübergang ohne Brücke bei Großinzersdorf an der Strecke Bad Pirawarth – Zistersdorf.

Vergessen und verbarrikadiert: der Bahnhof Pulkau an der 1988 eingestellten Strecke von Zellerndorf nach Sigmundsherberg.

Oben: Verfallende Tankstelle nahe Seefeld-Kadolz.

Unten: „Road to nowhere" – die alte Trasse der Horner Straße bei Großweikersdorf.

Oben: An der alten Horner Straße bei Ziersdorf: Hier gibt's kein Frühstück mehr.

Unten: Geschlossene Tankstelle an der ehemaligen Hauptroute der Horner Straße bei Ziersdorf.

Oben: Die besten Zeiten erlebte dieses geschlossene Gasthaus, als Seitzersdorf-Wolfpassing noch nicht umfahren wurde.

Unten: Früher im Winter gefürchtet. Die alte Brünner Straße von Gaweinstal hinauf auf den Schricker Berg.

Oben: Die alte Trasse der Brünner Straße nördlich von Wilfersdorf.

Unten: An der alten Brünner Straße, 31 Kilometer sind es noch nach Wien …

Hier wohnt niemand mehr

Wohnen im Weinviertel

Zeit ihres Lebens hat Leopoldine Treipl an wechselnden Adressen in Leobendorf gewohnt. Seit dem Jahr 2000 lebt sie in einer geräumigen Eigentumswohnung in einem in den 1970er Jahren errichteten Wohnblock. Die Wohnung mit Küche, Wohnzimmer, Schlafzimmer, Kabinett, Bad, WC und Abstellraum hat rund 70 m² und nur einen Nachteil: Es gibt keinen Lift, den Leopoldine Treipl mit ihren 92 Jahren allerdings schon gerne hin und wieder benutzen würde. Selbstverständlich verbreitet eine Zentralheizung wohlige Wärme, selbstverständlich gibt es fließendes Wasser. Das war nicht immer so, erzählt Treipl.

Blenden wir rund 90 Jahre zurück in die Vergangenheit: Leopoldine Treipls Vater war Eisenbahner, er bediente Signale und Schranken am sogenannten „Blockposten Leobendorf". Die Familie bewohnte ein einsam in der Au gelegenes Bahnwärterhaus neben den Geleisen ein paar hundert Meter vom Blockposten entfernt. Dort kam Leopodine Treipl 1923 zur Welt. Als Wohnraum für die Eltern und insgesamt drei Kinder standen Vorraum, Küche, ein Zimmer für die Eltern, ein Kabinett für die Kinder und ein Plumpsklo zur Verfügung. Es gab keinen Strom. Wasser wurde aus einem Brunnen geschöpft. In besonders strengen Wintern fror der Brunnen ein, da half auch das Umwickeln mit Säcken nicht. Er musste dann am Morgen mit heißem Wasser aufgetaut werden. Als Brennmaterialien dienten Holz und Kohle. Kohle konnten Bedienstete der Eisenbahn ein wenig unter dem üblichen Verkaufspreis erwerben. Zur Aufbesserung des mageren Einkommens hielt die Familie Ziegen, Hasen, Hühner und ein Schwein. Alle zwei Wochen marschierten Familienmitglieder zu Fuß zum Einkauf in den „Eisenbahnerkonsum" nach Korneuburg. Erst mit Eröffnung der Haltestelle Leobendorf 1933 stand dafür die Eisenbahn zur Verfügung.

Als der am „Blockposten Leobendorf" wohnende Eisenbahner seine Dienstwohnung 1929 pensionsbedingt verlassen musste, konnte die Familie in das direkt am Arbeitsplatz des Vaters liegende Bahnwärterhaus einziehen. Treipl erinnert sich noch an den Umzug mit Draisine und Bahnwagen, auf dem der Hausrat verladen war. Die Wohnung war genauso groß wie die zuvor bewohnte, es gab noch immer keinen Strom, kein fließendes Wasser und wieder nur ein

Plumpsklo. Auch hier hielt die Familie verschiedene Tiere, unter anderem eine Kuh, deren Milch sie in Korneuburg an Privatpersonen verkaufte. Vor der Eröffnung der Haltestelle Leobendorf erfolgte die Belieferung der Abnehmer zu Fuß oder mit dem Fahrrad. Als ab 1938 die Milch im „Milchkasino" abgegeben werden musste, wurde die Kuh verkauft.

Im April 1945 gerieten die Bewohner des Blockpostens Leobendorf in die Wirren des Zweiten Weltkriegs, sie mussten die Wohnung verlassen. Schutz suchten sie in einem Leobendorfer Weinkeller, in dem die Familie sechs Wochen zusammen mit 60 weiteren Personen („links und rechts geschlichtet, ebenso im Mittelgang") verbrachte. Weil das Bahnwärterhaus beschädigt worden war, zog die Familie zuerst zur Untermiete in ein Zimmer, dann in mehrere Räume. Leopoldine Treipl hatte inzwischen Nachwuchs bekommen, ihr Mann ist im Krieg gefallen.

Leopoldine Treipl

Schließlich gelang es der Familie, am Ortsrand ein zu Beginn des 20. Jahrhunderts errichtetes Haus zu mieten. Haus und Garten kosteten beim Einzug kurz nach dem Krieg monatlich 60 Schilling Miete, beim Auszug Ende 1999 bereits 1200 Schilling. In diesem Haus wohnte Leopoldine Treipl mit ihren beiden Söhnen und ihren Eltern. Wiederum hielt die Familie Tiere: Hasen, Hühner, zwei Schweine und Ziegen. Am Dachboden lagerte der Vater Heu, das er zweimal jährlich an einem nahen Hochwasserschutzdamm und dem Bahndamm mähte und an die Ziegen verfütterte. Er hatte auch eineinhalb Joch Ackerfläche gepachtet, auf der Erdäpfel und Mais zum Essen und Rüben als Futter für die Tiere angebaut wurden. Im Garten sorgte der Anbau von Fisolen, Paradeisern, Erbsen, Himbeeren und Ribiseln für Zukost. Mit steigendem Wohlstand wurden Viehzucht und Ackerbau reduziert, der Garten schlussendlich zu Leopoldine Treipls Hobby.

Sie kann sich noch an die Größe der Küche erinnern. Die 13 m² dienten zum Kochen und als „Wohnzimmer", zwei weitere Räume ursprünglich als Schlafzimmer. Der Küchenofen, der zum Kochen und Heizen verwendet wurde, kostete 8000 Schilling. Bloß bei großer Kälte beheizte die Familie auch die beiden Schlafräume. In einem Anbau befanden sich eine Waschküche und ein Schuppen. Bis zum Auszug stand lediglich ein Plumpsklo zur Verfügung.

Der Anschluss ans Stromnetz erfolgte erst im Lauf der Zeit, bis dahin wurden die Räume mit Petroleumlampen beleuchtet. Auch Wasser gab es zunächst nur aus dem Brunnen, erst nach einigen Jahren erfolgte der Anschluss an das Wasserleitungsnetz. 1960 kam es zur Anschaffung einer Waschmaschine. Zuvor wurde weiße Wäsche ausgekocht, die restliche Wäsche im Trog gewaschen, auf dem Waschbrett „gerumpelt" und gebürstet. „Die selber ausgekochte Wäsche war weißer als nach einem Waschvorgang in der Waschmaschine!", erinnert sich Leopoldine Treipl. Im Lauf der Zeit leerte sich das Haus: Ihre Eltern starben 1974 und 1978, die Söhne zogen aus. Das zunächst ungewohnte Alleinsein verursachte ihr plötzlich Furcht vor Gewittern, zumal das Haus keinen Blitzableiter hatte.

Ausziehen musste Leopoldine Treipl, weil das Haus baufällig geworden war, eine Sanierung zu teuer gekommen wäre und der Besitzer Haus und Grund verkaufen wollte. Obwohl der Umzug, der ihr im Alter von 77 Jahren erstmals zeitgemäßen Wohnkomfort brachte, mittlerweile rund 15 Jahre her ist, sieht sie ihre heutige Wohnsituation noch immer mit gemischten Gefühlen: Einerseits genießt sie den heutigen Komfort, andererseits vermisst sie nach wie vor den Garten und die damaligen Bekanntschaften in der Umgebung ihres „alten" Hauses.

Oben: Arbeiterwohnsiedlung beim Ziegelofen in Frättingsdorf. Zwischen 1896 und 1924 errichtet.

Unten: Detailansicht einer Frättingsdorfer Arbeiterwohnung.

Oben: „Keusche“ am Kirchenweg in Stetten.

Unten: Falkensteiner Idylle.

Haus in Loidesthal.

Wohnhaus von Schleinbacher Ziegelofenarbeitern einen Tag vor dem Abriss im Frühjahr 2015.

Das war einmal das Armenhaus der Gemeinde Hausbrunn.

Hausvorderfront nach städtischem Vorbild in Göllersdorf.

Oben: Straßenfront eines Hauses in Drösing.

Unten: Noch eine stehen gebliebene Hausvorderfront. In der Hauptstraße in Großengersdorf.

Diese „Trettn“ in Poysbrunn ist wohl verloren. Für Nicht-Weinviertler: Als „Trettn“ bezeichnet man den Laubengang, der vom Wohntrakt zu den Wirtschaftsgebäuden, den Stallungen und zum Abort führte.

Altes, schönes Rohrendorfer Kulturgut.

Wohnhaus für Zollwachebeamte außerhalb von Hohenau.

144
Hauptstraße

Hier wohnt niemand mehr. Türen und Fenster, aufgespürt in Niederkreuzstetten, Oberkreuzstetten, Bad Pirawarth, Mollmannsdorf (Seite 100), Stetteldorf am Wagram, Wolfpassing an der Hochleithen (Seite 101 sowie 102).

35
Wollpassing

Als es noch Mägde und Knechte gab …

… und man sich abends beim Milchhaus traf

Betrat man seinerzeit durch eine Einfahrt mit Holztoren einen Bauernhof, begrüßte einen der Hofhund, lag eine Katze faul in der Sonne, scharrten Hühner am Misthaufen, war aus den Stallungen das Quieken der Schweine und Muhen der Kühe zu hören. Die typischen Weinviertler Bauern betrieben Viehzucht, Ackerbau und meistens auch Weinbau. Das ist im Wesentlichen Vergangenheit, die Landwirte haben sich spezialisiert: Rinderhaltung ist im Weinviertel nahezu verschwunden, Schweinezucht wird, wenn überhaupt, im großen Stil betrieben, der Anbau von Feldfrüchten und Weinbau ebenso. Zugleich hat sich in den letzten Jahrzehnten der Gebrauch bäuerlicher Infrastruktur verändert: Stadeln und Vorratskeller stehen leer, verfallen und wurden und werden durch Großhallen ersetzt, Milch- und Kühlhäuser wurden umfunktioniert. In vielen Dörfern stehen Bauernhöfe leer und warten auf eine Renovierung – oder den Abriss. Die Zahl der landwirtschaftlichen Betriebe in Niederösterreich sinkt.

Wir haben Josef und Maria Waltner, nach wie vor aktive Bauern und Winzer in Neudegg am Wagram, um ihre Erinnerungen und die ihrer Vorfahren an alte Zeiten gebeten. Seit 1844 ist der Hof der Waltners in Familienbesitz. Der Weinbau- und Kellermeister Josef Waltner, Jahrgang 1941, besuchte die längst geschlossene achtjährige Volksschule im Heimatdorf und begann anschließend am elterlichen Hof zu arbeiten. „Ich bin dort aufgewachsen und reingewachsen." 1971 hat er den Hof von seinen Eltern übernommen. Seine Frau Maria Waltner (Jahrgang 1950) hat nach der Meisterprüfung der Ländlichen Hauswirtschaft 1974 auf den Hof geheiratet.

In Josef Waltners jungen Jahren begann der Arbeitstag um 5 Uhr mit einem kleinen Frühstück. Um 5 Uhr 30 kamen die Taglöhner. Zuerst wurden die Tiere gefüttert, die Ställe ausgemistet und die Kühe gemolken. Bis 6 Uhr 15 galt es, die Milch im Milchhaus abzugeben. Stallarbeit und Kochen waren Frauenarbeiten, „die Männer sind in der Früh rausgefahren", so Waltner. Um 8 Uhr gab es – meistens draußen auf den Feldern – Frühstück, das gemeinsame Mittagessen fand gegen 11 Uhr am Hof statt. Um 15 Uhr 30 hielt man mit Schmalzbrot, Topfenkäse oder Marmeladebrot Jause. Der Arbeitstag endete um 19 Uhr mit einem anschließenden Nachtmahl, oftmals bestehend aus Milchsuppe, Sterz, Kraut oder Blutwurst.

Nach dem Krieg arbeiteten am Hof neben den Familienangehörigen auch eine Magd, ein Knecht und drei Taglöhner. Magd und Knecht hatten eigene Zimmer am Hof, für die Taglöhner unterhielt Familie Waltner zwei kleine Häuser. Eines davon bewohnt heute ein Nachfahre eines ehemaligen Taglöhners. Knecht und Magd gab es bis Mitte der 1950er Jahre, der letzte Taglöhner kam bis Mitte der 1980er Jahre zur Arbeit.

In den 1940er und 1950er Jahren fanden sich am Hof drei Pferde, Schweine, Rinder, Hühner, ein Hund und Katzen. In den 1950er Jahren löste ein Traktor die Pferde ab. Eines hat die Familie bis Mitte der 1960er Jahre behalten, hauptsächlich um in den Weingärten zwischen den engen Stockkulturen umackern zu können. Josef Waltner erzählt von sturen Pferden, die bissen und traten, da war der Traktor dann doch komfortabler.

Zum Großteil konnte sich der Hof selbst versorgen. Nach einer Schlachtung ließ sich Fleisch allerdings nicht ordentlich kühlen und war nur begrenzt haltbar. Es wurde daher zur Haltbarmachung eingesalzen, in den „Fleischkübel" geschichtet und anschließend im Keller aufbewahrt. „In den 1950ern kamen die Gemeinschaftskühlhäuser auf, dort war das Fleisch länger haltbar", erzählt Maria Waltner. Im Garten wuchsen Obst und Gemüse. Getreide brachte man im Austausch für Mehl zur Mühle und backte Brot selbst.

Die Waltners brachten ihre Milch zum Milchhaus im Ort, die von dort jeden Morgen per LKW abgeholt wurde. Die arbeitsintensive Rinderhaltung gab man gegen Ende der 1970er Jahre auf – auch weil die Milch nicht mehr geholt wurde, da sich die Milchgenossenschaft 1978 aufgelöst hat. Schweine hielten die Waltners bis fast 2000. „Wir hatten nicht viele und die hat der Fleischhauer dann nicht mehr holen wollen, der wollte große Mengen haben", erinnert sich Maria Waltner. Und für die kleineren Mengen gab es weniger Geld, sodass sich die Haltung nicht mehr rentiert hat. Der Weinbau wurde mit der Zeit immer wichtiger – und lukrativer. „Früher hat man von der Landwirtschaft gelebt, der Wein war ein Zusatzeinkommen, jetzt ist es – wenn man kein Großbauer ist – umgekehrt."

Schon Josef Waltners Eltern betrieben Weinbau und bauten Gerste, Weizen, Roggen, Hafer, Mais und zur Fütterung der Tiere Futterrüben, Erdäpfel und Klee an. Wiesen dienten der Heugewinnung für die Pferdefütterung. Das Leben am Hof war sehr arbeitsintensiv: Erdäpfel zum Beispiel wurden per Hand in Kellern eingelagert und bei Weiterverwendung per Hand wieder herausgetragen. Bis in die 1950er Jahre stach man Disteln am Feld händisch aus, erst dann wurde gespritzt. Im Lauf der Jahre hat sich die bäuerliche Arbeit durch technische Neuerungen aber schrittweise vereinfacht. 1951 gab es den ersten Traktor am Hof. Diesen hat die Familie für den Gegenwert von rund 5000 Liter Wein gekauft.

„Wenn du heute für einen Liter Wein einen Euro kriegst, kriegst du für 5000 Euro nicht einmal die Räder für den Traktor", meint der Bauer. Es folgten Pflug und Heuwender für den Traktor, Erntemaschinen, eine Strohpresse und 1959 ein Mähdrescher. Als Ersatz für die alte Holzweinpresse schaffte sich Josef Waltner 1971 eine automatische Presse an.

Heute ist vieles anders: Es gibt überhaupt keine Tiere mehr am Hof, die Futterwiesen sind längst verpachtet. Der Arbeitstag beginnt außer in der Lesezeit nicht mehr ganz so früh, Tagwache ist gegen 6 Uhr. Vater, Mutter und Tochter Franziska, die den Hof mit 1. August 2010 übernommen hat, betreiben die Landwirtschaft im Wesentlichen zu dritt. Etliches an Arbeit, zum Beispiel das Dreschen, ist an externe Dienstleister ausgelagert. Viele ehemals manuelle Arbeitsschritte sind durch Maschinen ersetzt worden. Lediglich in der Weinlesezeit gibt es Helfer, aber auch hier testen die drei bereits eine Weinlesemaschine. Da der Weinbau das wichtigste Standbein des Betriebes ist, pflanzt Familie Waltner statt Herbstkulturen Gerste, Weizen und Raps, weil sie in der Lesezeit keine Zeit zum Ernten hat. Brot bäckt Maria Waltner nur noch selbst, um Gäste zu bewirten. Bauern, die heute Erdäpfel anbauen, lagern diese nicht mehr in Vorratskellern, sondern in großen Hallen, wo sie mit Staplern einfahren können.

In dem Ort am Wagram gibt es heute noch neun Vollerwerbsbauern. „Bei uns haben noch nicht so viele aufgegeben, aber es gab schon ein paar mehr", erinnert sich Josef Waltner. Einzelne Betriebe müssten heute immer größer werden, damit sich die Arbeit auch finanziell rentiere. Darüber hinaus führten Unsicherheiten und Preisverfall nach Josef und Maria Waltners Meinung dazu, dass in den letzten Jahrzehnten viele Bauern ihre Tätigkeit eingestellt haben.

Milchhaus der ehemaligen Milchgenossenschaft Eichhorn. Der Niedergang der Milchwirtschaft im Weinviertel begann mit der Maul- und Klauenseuche 1973, mit der Fokussierung der landwirtschaftlichen Betriebe auf Acker- und Weinbau und dem Verschwinden vieler kleinbäuerlicher Betriebe.

„Trettn“ des ehemaligen Milchkasinos in Katzelsdorf.

Kühlanlagen dienten mit ihren Kühlboxen den Bauern hauptsächlich zum Einfrieren von Schlachtvieh. Längst geschlossen: das ehemalige Kühlhaus in Würnitz.

Stadel in Pottenhofen.

Stadel in Oberhautzental. Um das Kulturgut „Stadel" ins Bewusstsein der Menschen zurückzuholen, bietet die „Weinviertler Stadelakademie" seit einiger Zeit eine Ausbildung zum Stadelmeister an.

Stadel in Tresdorf.

Mit dem Verschwinden der kleinbäuerlichen Viehhaltung wurden auch die Keller zum Aufbewahren von Futter nicht mehr benötigt. Große Landwirte lagern ihre Ernte heute in Hallen.

Oben: Unbenutzter Keller bei Roseldorf nahe Großmugl.

Oben: Mit der Anschaffung moderner Weinpressen verloren viele alte Presshäuser wie dieses in Großinzersdorf ihre Bedeutung.

Unten: Waaghaus am Rübenplatz in Wiesen bei Leitzersdorf: 1966 erbaut und 2003 erweitert – heute funktionslos.

Offene Grenzen, geschlossene Ämter

Eingespart, zentralisiert, modernisiert

Am 4. Dezember 1989 ist mit der Grenzöffnung zwischen Österreich und der Tschechoslowakei der „Eiserne Vorhang" gefallen. Am 21. Dezember 2007 verschwanden aufgrund des Beitritts Tschechiens zum Schengen-Raum auch die Grenzkontrollen am Rand des Weinviertels. Seit damals sind die Einrichtungen für Zoll- und Passkontrollen an den Staatsgrenzen obsolet. Im Weinviertel gab es vor der „Wende" in Kleinhaugsdorf, Laa an der Thaya und Drasenhofen Straßen-Grenzübergänge zur früheren Tschechoslowakei. An diesen Grenzen versahen zahlreiche Zollwachebeamte ihren Dienst.

Einer davon war Robert Böck, der von 1964 bis zu seiner Pensionierung 1998 in Kleinhaugsdorf stationiert war. Nach der Dienstprüfung wurden die Absolventen der Bundeszoll- und Zollwachschule auf verschiedene Dienststellen verteilt. Waldviertler kamen ins südliche Burgenland und umgekehrt, es gab kaum Rücksichtnahme auf den Wohnort und keine Personalvertretung, die hilfreich zur Seite gestanden wäre, erinnert sich Robert Böck.

Böcks erste Dienststelle befand sich in Alt-Prerau nahe Wildendürnbach. Dort gab es keinen Grenzübergang, seine Aufgaben waren das Patrouillieren und der Streifendienst. Patrouilliert wurde allein oder zu zweit und natürlich bewaffnet. Eigentlich wäre die Grenzüberwachung Aufgabe der Gendarmerie gewesen, da es aber an Personal mangelte, mussten Zollwachebeamte aushelfen. Erwischten die Beamten illegale Grenzgänger, wurden diese der Gendarmerie übergeben. Nach verschiedenen Zwischenstationen bezog Robert Böck mit Familie 1964 eine Dienstwohnung im Zollhaus Kleinhaugsdorf. Diese Grenzkontrollstelle bestand aus vier Dienstwohnungen, den Kanzleien „Zollwachabteilung" und „Zollamt", einem Schulungsraum, einer „kleinen Ecke", in der sich die Beamten aufhalten konnten und Sanitärräumen. Erst später erfolgten ein „beamtenwürdiger" Um- und Ausbau und die Einrichtung von Schlafräumen.

Robert Böck versah dort im Außendienst an der „Grünen Grenze" Streife und Innendienst im Zollamt. Das Zollamt Kleinhaugsdorf war in drei Schichten zur Reiseverkehrsabfertigung rund um die Uhr besetzt. Die Beamten sprachen vom „0/8er-Dienst" (von Mitternacht bis 8 Uhr in der Früh), dem „8/16er" und dem „16/24er". Amtsstunden, in denen Handelswaren zollamtlich abgefertigt wurden, fanden nur von 8 bis 16 Uhr statt. Da diese eingeschränkten Zeiten „wirtschaftsfeindlich" waren, wurde später die zollamtliche Abfertigung von Handelswaren außerhalb der Amtsstunden gegen Abfertigungsgebühr eingeführt.

Wegen des geringen Reise- und Warenverkehrs war der Posten in den 1960er Jahren bloß schwach besetzt. Es genügten ein Beamter für die Überwachung des Reiseverkehrs („Kofferraumkontrolle") und zwei für zollamtliche Tätigkeiten. Die Passkontrolle erfolgte durch einen Gendarmeriebeamten. Mit Ausnahme des „Prager Frühlings" 1968, der eine etwas großzügigere Reisefreiheit brachte, beschränkte sich der Reiseverkehr auf private Angelegenheiten wie Todesfälle, Geburten und Hochzeiten. Ferner benützten Diplomaten und Geschäftsleute den Übergang, der Tourismus war annähernd bedeutungslos.

Robert Böck

Stets gut, sowohl vor als auch nach der Wende, war das Verhältnis zu den tschechischen Kollegen. Man sprach einander mit Vornamen an und setzte sich auch öfters zusammen, als es an der Grenze noch ruhiger zuging. Die Tschechen sprachen meistens gut Deutsch oder waren bemüht es zu lernen. Einmal fragte ein tschechischer Beamter nach der richtigen Vergangenheitsform eines Zeitworts: „Habe Waffe gereinigt, dabei löste sich ein Schuss und traf Hose auf Wäscheleine. Habe ich in die Hose geschossen oder geschissen?"

Nach der Wende erfolgte ein enormer Aufschwung des grenzüberschreitenden Personen- und Güterverkehrs. Die Salzburger und Tiroler Kollegen meinten dazu, „dass die Niederösterreicher jetzt auch einmal was arbeiten müssen!" Um das stark gestiegene Verkehrsaufkommen zu bewältigen, wurde das Personal aufgestockt und der Außendienst in Form der Patrouillen reduziert. Im Lauf der Zeit lernten die Beamten die grenzüberschreitenden Pendler kennen, meist wurden sie „durchgewunken", gelegentlich dennoch kontrolliert.

Der nach 1989 blühende Einkaufstourismus sorgte für dermaßen großen Andrang an der Grenze, dass nur noch stichprobenartige Kontrollen durchgeführt werden konnten und die Schmuggelversuche stiegen. Die Beamten verließen sich bei ihren Stichproben auf Erfahrung, Beobachtungsgabe und Gespür. Einmal kamen Mutter und Tochter mit dem Auto aus Tschechien und wurden vom österreichischen Zollbeamten nach mitgeführten Waren gefragt. Die Mutter antwortete, dass ihr die Schwester Eier mitgegeben habe. Es entspann sich ein Dialog: „Eier dürfen nur im gekochten Zustand mitgenommen werden! Sind die eh gekocht?" „Nein, die Schwester hat sie in der Früh frisch vom Nest genommen", so die Mutter. Der Beamte wiederholte die Frage, um ihr eine Rutsche zu legen, aber die Frau verneinte abermals. Da übernahm die Tochter: „Selbstverständlich sind die Eier gekocht!" Die beiden durften mit ihren genau fünf Eiern passieren.

Robert Böck war 42 Jahre stets ein korrekter Beamter. „Ich habe immer noch Zöllnerblut in mir", und das macht es ihm schwer, sich mit offenen Grenzen anzufreunden. Denn „früher war der Verkehr nur auf der Zollstraße möglich, heute ist unrechtmäßiger Personen- und Warenverkehr auf hunderten Wegen möglich".

Auch wenn Böcks Schilderungen des Alltags an der Grenze beschaulich wirken, darf nicht vergessen werden: Diese Grenze teilte die Welt lange Zeit in zwei streng getrennte Blöcke. Stefan Karner weist im Buch „Halt! Tragödien am Eisernen Vorhang" darauf hin, dass an der österreich-tschechischen Grenze zwischen 1948 und 1989 129 Menschen bei Fluchtversuchen umgekommen sind.

Mit 21. Dezember 2007 endeten die Grenzkontrollen an der österreichisch-tschechischen Grenze. Seitdem verwaist das Zollamtsgebäude in Kleinhaugsdorf.

Oben: Das düstere, schon lange nicht mehr benutzte Gefängnis hinter dem Gerichtsgebäude von Laa an der Thaya erinnert an eher finstere Zeiten des Strafvollzuges.

Unten: Die immer noch martialisch gesicherte leerstehende Justizanstalt Stockerau.

Die meisten Feuerwehren wurden in der zweiten Hälfte des 19. Jahrhunderts gegründet. Wachsende Aufgaben und stets verbesserte technische Ausrüstung machten moderne und größere Zeughäuser notwendig. Die alten, kleinen Feuerwehrhäuser wurden abgerissen oder einer anderen Funktion zugeführt, manche stehen leer. Das alte Feuerwehrhaus in Göllersdorf dient als Garage.

Altes Zeughaus der Freiwilligen Feuerwehr Kleinweikersdorf.

Oben links: Jetzelsdorf wurde in die Marktgemeinde Haugsdorf eingemeindet und benötigt kein eigenes Gemeindeamt mehr. Auch die Raiffeisenkasse befindet sich nun in Haugsdorf.

Unten: Auch Königsbrunn im Weinviertel braucht kein eigenes Gemeindeamt mehr, da das Dorf seit 1. Jänner 1970 zur Großgemeinde Enzersfeld gehört.

Literatur- und Quellenverzeichnis

Literatur/Zeitungen:

Abendexpress. Ausgabe Dienstag, 25. Jänner 1966; Jahrgang 1966, Nr. 2367a, Wien.

Bundesdenkmalamt (Hg.), Dehio Niederösterreich – nördlich der Donau, Wien, 1990.

Fürnkranz, Katrin: Medien- und Kinogeschichte des Pulkautales. Die Struktur und Funktion eines Kinos im ländlichen Raum, Dipl.-Arb., Wien, 2013.

Gemeinde Großriedenthal (Hg.), Großriedenthal. 1110 bis 2010, ohne Ort, ohne Jahr.

Karner, Stefan: Halt! Tragödien am Eisernen Vorhang. Die Verschlussakten, Salzburg, 2013.

Komlosy, Andrea: Die niederösterreichische Wirtschaft in der 2. Republik, in: Niederösterreich. Land im Herzen – Land an der Grenze, Michael Dippelreiter (Hg.), Wien (u.a.), 2000 [Geschichte der österreichischen Bundesländer seit 1945. Band 6].

Kurka, Karl: Die Ziegelbrenner. Ein Streifzug durch die Geschichte der Ziegelei im Weinviertel, in: Korneuburger Kulturnachrichten, Heft 2, 1988.

Mehofer, Gertrude: Chronik der Großgemeinde Großriedenthal, Großriedenthal, ohne Jahr.

Schmitz, Georg: Die Relativität politischer Macht. Politik in Niederösterreich von 1861 bis 2000, in: Niederösterreich. Eine Kulturgeschichte von 1861 bis heute. Band 1: Niederösterreich. Menschen und Gegenden, Manfred Wagner (Hg.), Wien (u. a.), 2004.

Stadler, Gerhard A.: Das industrielle Erbe Niederösterreichs. Geschichte – Technik – Architektur, Wien (u. a.), 2006.

Wegenstein, Peter: Wege aus Eisen im Weinviertel. Zur Geschichte der Eisenbahnen zwischen Manhartsberg und March, Schleinbach, 2012.

Internetquellen:

www.arbeiter-zeitung.at
www.unterirdisch.de
www.zweitausendeins.de/filmlexikon
Gemeinde Drasenhofen (Hg.), Gemeindenachrichten 1/012 (April 2012), http://www.drasenhofen.at/system/web/GetDocument.ashx?fileurl=%2Fgemeindeamt%2Fdownload%2F223004067_1.pdf (Abgerufen am 26.12. 2015)
STATISTIK AUSTRIA, „Öffentliche und private Schulen 1923/24 bis 2013/14". Erstellt am 9. 12. 2014, http://www.statistik.at/wcm/idc/idcplg?IdcService=GET_PDF_FILE&RevisionSelectionMethod=LatestReleased&dDocName=020949 (Abgerufen am 11. 10. 2015)

Mündliche Quellen:

Interview mit Robert Böck am 2. Dezember 2015
Interview mit Rudolf Gruber, vermutlich im September 2012
Interview mit Hermine Holzer am 11. September 2015
Interview mit Josef Planer am 20. August 2015
Interview mit Maria Schneider am 11. September 2015
Interview mit Horst Schramm am 31. Oktober 2015
Interview mit Leopoldine Treipl am 12. Dezember 2015
Interview mit Josef und Maria Waltner am 29. November 2015
Interview mit Rudolf Wimmer am 24. September 2015

Darüber hinaus gaben zahlreiche Personen in Firmen, Gemeindeämtern, Museen, Geschäften oder Passanten auf der Straße schriftlich oder mündlich Auskünfte, die in dieses Buch einflossen. Online-Auftritte von Gemeinden, Firmen, Gastronomiebetrieben etc. dienten ebenfalls als wertvolle Quelle. Eine genaue Auflistung darüber muss aus Platzgründen unterbleiben. All unseren genannten und ungenannten Informanten und Zuträgern sprechen wir an dieser Stelle herzlichen Dank aus!